RÉPONSE

DE

M. LE VIC^TE DE LA BOURDONNAYE,

MAIRE DE LA COMMUNE D'AVROLLES,

à un article intitulé

L'AUTOCRATE DE VILLAGE,

INSÉRÉ

Au MÉMORIAL DE L'YONNE, N° 7, sous la date du 20 Mars 1829.

GRAVEMENT insulté dans le N° 7 du Mémorial, je croyais que l'*ordre légal* commandait impérieusement aux Rédacteurs de ce Journal d'insérer ma réponse à l'article, dans lequel j'étais indignement calomnié. J'adressai donc à l'un d'eux la lettre suivante :

Monsieur le Rédacteur,

« Vous avez inséré dans le Numéro 7 de votre Mémorial, sous la date du 20 courant, une violente diatribe contre moi. L'auteur la termine en déclarant *en latin*, sans doute pour l'intelligence de ceux qui n'entendent pas le français, que je ne lui ai jamais fait ni bien ni mal ; qu'il ne me connaît pas même de vue ;

aveu dont la naïveté lui fera sans doute grand honneur dans l'esprit de tous les lecteurs impartiaux qui le comprendront. Mais, M. l'Auteur a sur moi un énorme avantage que je ne puis trop lui envier. Du moins il sait mon nom, et les initiales P. St. A. fussent elles véritables, pouvant probablement s'appliquer à plusieurs personnes en France, je ne voudrais pas courir le risque d'avoir aussi, gratuitement, envers une personne honnête, des torts analogues à ceux dont je me plains à juste titre. J'invite donc par votre intermédiaire, M. l'Anonyme à se montrer à visage découvert. Mais, ayant tout lieu de craindre qu'il ne se rende pas à mon invitation, je ne crois pas devoir différer ma réplique ; et j'ose espérer qu'ayant accueilli et publié l'outrage, mon démenti formel trouvera également sa place dans votre plus prochain numéro.

Cependant, malgré ce tissu d'infâmes calomnies, de réticences et d'insinuations perfides, de plaisanteries burlesques, je rends grâces, comme je le dois, à M. l'Anonyme, de ce qu'il m'a jugé digne d'être parent du *terrible Chef du Côté droit*, contre le talent et la noble énergie duquel viennent se briser tous les traits empoisonnés de la faction soi-disant libérale. Je ne crains pas que M. l'Anonyme sache à n'en pouvoir douter que je m'honore d'être le parent, non seulement du célèbre Député de Maine-et-Loire, mais de plusieurs autres personnages du même nom, que leur caractère loyal autant que leur position sociale place infiniment au-dessus des attaques d'un obscur Folliculaire.

Il serait trop long de relever chacun des sarcasmes plats et rebattus, chacune des boutades insensées dans lesquelles M. l'Anonyme a paru se complaire. Je veux seulement qu'il sache que j'ai toujours eu en horreur les principes de la révolution et les expressions qu'elle a consacrées et qu'elle aime encore à rappeler. Je n'ai jamais *déclaré la guerre* qu'aux mauvais sujets et aux ennemis de l'ordre public.

Du reste, IL EST FAUX *que je me sois trouvé humilié qu'il y eût dans la commune un homme au-dessus de moi par ses fonctions administratives.* IL EST FAUX *que j'aie fait entrevoir à M. Jossot que sa place de Maire fût à ma convenance.* IL EST FAUX *que je l'aie engagé à me la céder par toutes* (ou la moindre de) *ces obsessions, dont les grands Seigneurs savent si bien être prodigues, quand ils désirent obtenir quelque grâce.* IL EST FAUX *que M. Jossot eût envoyé à la Préfecture sa démission de Maire* : pas un seul mot, dans tant de verbiage, qui ne soit un mensonge éhonté. *Il est vrai* que le sieur Jossot, *citoyen du pays*, donna plus tard sa démission d'Adjoint, ayant été mandé *exprès* à la Préfecture à Auxerre; mais je crois qu'il me dispensera volontiers d'en déduire les motifs.

Acquéreur du domaine d'Avrolles au mois de novembre 1824, je ne fus nommé Maire qu'au renouvellement général, en janvier 1826, et, je le répète, sans m'être *abaissé* à solliciter ni le sieur Jossot, ni qui que ce soit. A cette époque même j'étais à Paris, fort malade, et presque mourant, depuis plus de deux mois. Ce ne fut qu'au mois de mai que je pus venir me faire installer. Ces faits sont presque de notoriété publique dans le département.

Je passe de suite à l'affaire du cimetière d'Avrolles, sauf à revenir, plus tard, sur mes pas. La route qui y conduit est celle de plusieurs villages voisins, Vénizy, Turny, Neuvy. Il est donc absurde de supposer que j'aie eu l'idée de la *supprimer*. Un ancien propriétaire du domaine d'Avrolles voulut la détourner. Quant à moi, je refusai formellement les offres d'un Habitant d'Avrolles, le sieur Finot, qui vint me proposer de me vendre une pièce de terre, alléguant que *je pourrais y transférer ce chemin*. Quant au cimetière lui même, il n'en est pas ainsi. Le chemin seul, dont il vient d'être parlé, le sépare du mur de mon jardin, mur auquel le Château est pour ainsi dire adossé en cet endroit. D'ailleurs la position du cimetière sur un plan très-incliné en rend toutes les parties visibles de plusieurs des fenêtres de mon habitation. D'après cela, quand on est époux et père, on peut, sans être taxé ni d'une sotte vanité, ni d'un mépris insultant pour ses semblables, chercher par des moyens honnêtes à épargner à sa famille le spectacle journalier du deuil et de la douleur. Je crus donc pouvoir, sans blesser la profonde sensibilité des Habitans d'Avrolles, proposer au Conseil municipal la translation du cimetière dans un terrain *fourni à mes frais*, qu'eux-mêmes désigneraient, et que je ferais, *encore à mes frais*, entourer de murs conformément à la loi. Quant au cimetière à supprimer, j'annonçai clairement, *de moi-même*, que je prendrais l'engagement de ne jamais le soumettre à la culture, d'y planter seulement des arbres dans les délais fixés par la loi, ou même de m'en abstenir entièrement si cela contrariait les Habitans. On me fit entendre qu'il faudrait laisser ce terrain à la Commune, et j'en fis encore la promesse. Le seul résultat de ma démarche fut une dénonciation portée contre moi à la Préfecture. Mes dénonciateurs, se mentant à eux-mêmes, m'accusaient, comme aujourd'hui M. l'Anonyme, de vouloir exhumer les os de leurs ancêtres! Cependant les Habitans d'Avrolles n'en ont pas toujours été si zélés défenseurs. Une portion de ce cimetière a été aliénée autrefois et est aujourd'hui convertie en jardin. Pendant la révolution, *ce lieu consacré* fut bien autrement *profané;* on y voyait une antique Eglise qui renfermait le tombeau de Sainte Béate. L'Eglise fut détruite jusque dans ses fondemens, la Sainte exhumée, les matériaux vendus, même le cercueil en pierre de la Sainte, qui, acheté par un cultivateur nommé Claude Roy, lui servit d'auge pour abreuver ses bestiaux! Pourquoi donc, Conseillers municipaux d'Avrolles, déguisâtes-vous alors votre *profonde indignation?* Pourquoi ne *vous écriâtes-vous pas comme autrefois les peuplades sauvages du Canada!* etc., etc.

Je fis connaître par écrit à M. le Préfet tout ce qui s'était passé. Je lui réitérai mes offres pour la translation; je le priai d'envoyer un Commissaire sur les lieux pour se convaincre, par lui-même, que le cimetière actuel n'était ni à la distance prescrite de mon habitation, ni clos de murs, conformément à la loi, mais seulement d'une mauvaise haie. Ces deux faits furent constatés par le procès verbal de M. Ferrand, Maire de Brienon, délégué *ad hoc* par le Préfet, lequel déclara également que le terrain, que je proposais de donner pour le nouveau cimetière, était parfaitement propre à cet usage. Ce rapport fut adressé par M. le Préfet au Conseil municipal d'Avrolles, avec ordre de délibérer sur ma proposition. Ce Conseil, convoqué régulièrement sous la présidence de l'Adjoint, et assemblé au nombre de neuf membres seulement, prit l'arrêté suivant, à la majorité de cinq contre quatre.

« L'an mil huit cent vingt-huit, le Dimanche vingt
» un septembre.

» Le Conseil municipal de la commune d'Avrolles,
» réuni extraordinairement sous la présidence de l'Ad-
» joint, en l'absence de M. le Maire de la commune
» d'Avrolles, et pour empêchement de ce dernier
» étaient présens les sieurs Edme Alexandre Couturat
» Edme-Nicolas Beaugrand, Louis Moreau, Pierre
» Hippolyte Roy, Jean-Baptiste Moreau, Jean
» Boitard, Edme Vié et Edme Guignon; à l'effet de
» délibérer sur le contenu au rapport de M. Ferrand
» Maire de la ville de Brienon, sous la date du 18 juillet
» dernier, délégué par M. le Préfet, en date du 27 juin
» aussi dernier, pour faire la visite du cimetière dudit
» Avrolles.

» Le Conseil considérant l'avantage que la com-
» mune peut avoir, si le terrain de ce cimetière lui est
» abandonné, et se trouve remplacé par un autre
» terrain, qui réunit toutes les qualités requises par
» la loi, entouré de murs, en grès de frécambeaux,

» et recouverts en hérisson, sans aucuns frais pour » les habitans,

» Est d'avis, à la majorité, que la translation en » soit faite.

» Fait et délibéré, les jour, mois et an que dessus.

» Signé au registre, A. Couturat, L. Moreau, Roy, » Guignon, et Rozé, Adjoint. »

Les quatre Conseillers municipaux opposans, crurent pouvoir infirmer cet arrêté en dressant une protestation qu'ils signèrent, conjointement avec les deux membres qui n'avaient pas assisté à la séance; tant ces Messieurs ont une idée exacte des formes légales! Sur ce, M. le Préfet me demanda une soumission régulière que je lui envoyai, conforme à ce que j'avais toujours proposé jusque-là, mais avec cette restriction que, si mon offre n'était pas acceptée dans un délai de trois mois, je l'annulais et me réservais tous mes droits. Je poursuivrai alors ma demande devant les tribunaux, et réclamerai, comme tout citoyen a droit de le faire, l'exécution des lois existantes, et de l'arrêt rendu en 1782, à la requête de M. de Lenferna; arrêt par lequel le cimetière fut condamné, et les habitans assignés pour donner un autre terrain, outre les frais de l'instance se montant à 573 fr. Quoiqu'il en advienne, je possède une lettre, en date du 6 février dernier, par laquelle M. le Préfet de l'Yonne, en m'accusant réception de ma soumission, déclare *que mon offre lui paraît tout entière dans l'intérêt de la commune, et qu'il ne dépendra pas de lui qu'elle ne soit acceptée.*

N'ayant agi dans toute cette affaire que comme simple particulier, je l'ai relatée avec les détails les plus minutieux, comme les plus véridiques : on voit qu'ils diffèrent essentiellement du prétendu exposé de M. l'Anonyme. Mais ses calomnies s'étendent encore sur deux actes de mon administration : les mesures que j'ai adoptées relativement à la fontaine, et une violation de la liberté individuelle. Comme Maire, je n'ai de compte à rendre qu'à l'autorité d'où émanent mes pouvoirs, et à ce peu de mots pourrait se borner toute ma réplique. Mais je ne veux pas que M. l'Anonyme s'écrie que j'élude la question. Je consens donc à quelques explications. J'ignore quelle était, *de temps immémorial*, la coutume des habitans d'Avrolles. Peut-être *le citoyen du pays*, l'homme, aux *qualités douces et conciliantes*, leur permettait-il en effet de laver leur linge et d'abreuver leurs bestiaux au bassin de la fontaine, de même qu'il tolérait tant d'autres choses bien convenables, notamment qu'il existât dans la commune trois puits à raz de terre, sans aucune clôture ni barrière, ce qui, par parenthèse, coûta un cheval à un cultivateur. Quant à moi, *étranger*, qui crus devoir contraindre les propriétaires de ces puits à les entourer, il me parut aussi, dans mes idées *feodales*, que l'abreuvoir *très-beau*, recevant le superflu des eaux de la fontaine, était fait pour *abreuver* les bestiaux, le *lavoir* pour *laver* le linge, et la *fontaine* exclusivement pour les besoins personnels des habitans. Je crus que les traces des animaux ne permettraient pas d'entretenir autour d'un monument public, d'un usage aussi in dispensable, la propreté à laquelle doit tendre tout bon Administrateur. Je craignis encore que quelque personne, un enfant peut-être, venant puiser de l'eau à la fontaine, ne reçût un coup de corne, un coup de pied. Enfin, je pensai qu'il y avait quelqu'inconvénient à faire du bassin même de la fontaine, où l'on puise l'eau pour les besoins de l'homme, un abreuvoir et un lavoir. Toutes ces idées étaient fort ridicules, sans doute, mais moins que d'affecter de croire, et d'oser imprimer que le *bruit des bestiaux, celui plus importun des battoirs féminins*, à la distance d'une grande portée de fusil, au moins, de mon habitation, *pussent troubler par-fois mes méditations*. Non, M. l'Anonyme, je n'ai pas les oreilles si délicates, et le lavoir d'Avrolles, fut-il à ma porte, le bruit *des battoirs* les fatiguerait moins que vos sottises.

J'ai dans mon enceinte toutes les eaux qui peuvent m'être nécessaires, et même bien au-delà. C'est donc uniquement dans l'intérêt général, et en homme personnellement bien désintéressé, que je défendis de salir les eaux du bassin, soit en y abreuvant des bestiaux, soit en y lavant du linge. Mais les habitans n'étaient plus accoutumés à entendre la voix des autorités. La mienne étant journellement méconnue, je ne parvins qu'au moyen d'une barrière à écarter de la fontaine le bétail, et non les Habitans auxquels un passage est réservé, quoique M. l'Anonyme donne le contraire à entendre. Toutefois *les plus pressantes réclamations auprès de l'Administration supérieure, une pétition même, couverte de plus de soixante-dix signatures*, n'ont pû obtenir le redressement de ce grief, ni de tous les autres. Cet aveu seul me justifie.

Deux mots cependant encore sur un autre *délit* bien plus impardonnable, celui d'avoir fait conduire en prison par des *soldats-magistrats*, *une jeune et timide villageoise*, âgée de trente-six ans, peut être plus. Une femme vint me porter plainte sur la conduite de cette *intéressante victime de mes actes arbitraires* : elle me dit que son mari, attiré par la femme D***, transportait dans cette maison mal famée, et son argent et ses provisions ; qu'il en résultait de fréquentes altercations entr'elle et son mari, et que ses justes plaintes venaient de lui attirer de la part de la femme D***, et publiquement, un torrent d'injures.

Quelle que soit la conduite de la femme D***, il n'est jamais entré dans ma pensée de la faire poursuivre, ni de la punir, pour le délit signale dans l'article du Mémorial, et qu'il traite avec une singulière légèreté : mais il y avait flagrant délit de diffamation et de trouble à la tranquillité publique : je fis venir cette femme D***, son mari l'accompagnait : mais son insolence me forca à l'expulser de mon domicile. La *jeune et timide villageoise* ne fut pas introduite dans mon *cabinet*; elle resta avec moi pendant *cinq minutes*: dans la chambre où nous étions auparavant, chambre au rez-de-chaussée, à deux fenêtres *sans rideaux*. Q'avez-vous à dire, Monsieur l'Anonyme, et qu'osez-vous soupçonner? votre insinuation est infâme.

Cependant, cette femme si *timide* s'emporte en ma présence sans chercher à se justifier. Il était de notoriété publique qu'elle était de mauvaise vie et de mauvaises mœurs; qu'elle avait troublé la tranquillité; et rien n'annonçait des dispositions plus paisibles. Le Manuel des Maires dit: « Le maintien de la tranquillité publique est » dans les attributions de la police municipale: » et ailleurs, à l'article, peines de police: « celles que les Maires peu» vent prononcer comme juges de police, sont l'amende, » l'emprisonnement, etc. » Aurais-je fait de ce double article une fausse application? du moins deux circonstances qu'on voudrait m'imputer comme aggravation de mon *crime*, témoignent-elles au contraire de ma bonne foi. C'est à Saint-Florentin, *chef-lieu de canton et justice de paix*, que j'ai envoyé cette femme. Elle y a été conduite par la gendarmerie, force armée chargée du maintien de la tranquillité et de la répression des délits; elle y a été conduite *coram populo*, devant tout le monde, preuve que je ne croyais pas avoir lieu de me cacher; elle y a été détenue deux jours et demi, non à cause de mon influence dans le canton, mais parce que ma sentence était dans l'intérêt du bon ordre. Si elle n'a pas été rendue dans les formes légales, je ne suis pas infaillible, et les voies de droit étaient ouvertes contre ma décision. Ne valait-il pas mieux les employer *alors*, que de se permettre *aujourd'hui* les déclamations auxquelles un pareil sujet a donné lieu, déclamations que je réfuterais bien plus complètement, si le peu d'importance que j'ai attaché aux détails me permettait de me les rappeler tous après un intervalle d'environ trois ans.

Enfin et pour achever de couler à fond l'article auquel je réponds, il y a long-temps que je ne suis plus porté sur les rôles de Looze; et ma résidence *habituelle* n'est pas à *Rouen*, quoique des fonctions militaires m'aient contraint à y résider pendant quelque temps ; mais elles ont cessé, et j'espère bien établir désormais mon domicile de fait comme de droit à Avrolles, dût encore *ma présence devenir pour les paisibles habitans une source intarrissable de troubles et d'inquiétudes*. Mais non ! les seuls fomentateurs de troubles sont ces perfides déclamateurs, qui cherchent sans cesse à rendre odieux au peuple tout ce qu'ils croient au-dessus d'eux par la naissance, la fortune, et la position sociale.

Avrolles, le 27 mars 1829.

Signé LE VICOMTE DE LA BOURDONNAYE.

Cette lettre me valut l'accusé de réception suivant :

Auxerre, le 29 mars 1829.

Monsieur le Vicomte,

JE viens de recevoir par la poste un paquet à mon adresse, contenant, sans lettre d'avis, une réclamation signée de vous contre un article inséré dans le 7e numéro du Mémorial. Cette pièce, écrite dans un style bien autrement virulent que l'article dont vous vous plaignez, contient, contre l'honneur de l'auteur de cet article, des insinuations qui ne permettent certainement pas son insertion textuelle. En m'adressant directement votre réponse, vous semblez croire que l'article est de moi ; vous vous trompez, Monsieur, je signe tout ce que j'écris dans le Mémorial, et l'initiale *C* suivi d'un trait, et terminé par un petit *e* (*C-e*), se trouve au bas de tous mes articles ; les initiales P-St-A. appartiennent à un de mes collaborateurs, homme fort distingué sous tous les rapports, et de l'amitié duquel je me suis toujours honoré.

Vous vous êtes tout-à-fait mépris, Monsieur, sur le caractère des hommes qui ont fondé le Mémorial ; ils appartiennent, il est vrai, à ce que vous appelez la faction soi-disant libérale, mais loin d'être des fomentateurs de troubles, de perfides déclamateurs qui cherchent à rendre odieux au peuple tout ce qui est au-dessus d'eux, par la naissance, la fortune et la position sociale, ils sont amis de l'ordre et des lois, ils n'écrivent que pour en assurer l'entière et ferme exécution. A tort aussi vous leur supposez de l'horreur pour la gloire des noms historiques, qui sont le patrimoine de la France, aussi bien que des familles qui les portent ; ils n'ont horreur que des abus et des excès de pouvoir. La vérité leur est chère, et ils savent la respecter, ainsi que tout ce qui est respectable, la Religion, la Dynastie, le Gouvernement représentatif, la Charte et les Lois. On ne les voit jamais attaquer la vie privée des hommes, et ce n'est pas sans surprise qu'en parcourant votre réponse j'ai vu, dans un passage relatif à l'affaire de la femme D***, que vous supposiez, de la part de l'auteur de l'article, une insinuation ridicule contre vos mœurs, à l'occasion de la conférence de cinq minutes que vous aviez eue dans votre cabinet ou votre chambre avec cette femme ; je crois que sur ce point, comme sur quelques autres, la vivacité vous a fait mal lire.

Si la vie privée des hommes est hors de toute discussion publique, il en est autrement des actes des fonctionnaires publics ; ces actes appartiennent à la société, et la libre discussion en est permise. Malgré leur vif désir de n'imprimer que des choses vraies, les Rédacteurs du Mémorial peuvent être, en certains cas, induits en erreur ; c'est le sort de tous ceux qui écrivent pour le public *sur des renseignemens plus ou moins exacts* ; mais ils ne refusent jamais de publier les réclamations qui leur sont adressées, pourvu qu'elles soient dégagées de toute personnalité offensante *pour eux*. Telle n'est pas la vôtre, Monsieur ; je conçois que vous l'ayiez écrite ainsi dans un premier moment de chaleur ; mais, si avant de la confier à la poste, vous l'eussiez fait lire à un ami sage, tel, par exemple, que M. le Comte de Villefranche, votre digne et respectable beau-père, il vous aurait certainement dit que la raison est bien mieux goûtée lorsqu'elle parle avec modération, que lorsqu'elle s'exprime avec emportement ; que l'article auquel vous répondez ne touche ni à votre honneur, ni à votre vie privée ; qu'il critique seulement, *à tort ou à raison*, vos actes administratifs et certaines prétentions que le bon sens, ou si vous l'aimez mieux, l'orgueil plébéïen attribue en général à la noblesse, et surtout à la haute noblesse ; que si les faits signalés sont faux ou inexacts, vous pouvez les rectifier, mais sans colère, sans morgue, et avec cette dignité froide qui double le poids des paroles, et concilie toupartes à son auteur la faveur publique, à laquelle, grands ou petits, nobles ou roturiers, nous ne sommes jamais sans attacher un certain prix.

Ces réflexions auxquelles, j'en suis sûr, vous vous seriez rendu, permettez, Monsieur, que je vous les soumette. Votre réponse est à refondre entièrement; je garderai donc pour moi la copie que vous m'en avez adressée, et ne la communiquerai à personne. Si vous m'en adressez une autre dont vous aurez fait disparaître les taches que je vous ai indiquées, je me ferai un devoir de l'insérer dans le Mémorial; ou, si vous l'aimez mieux, et que vous m'y autorisiez, j'extrairai de la réclamation que vous m'avez envoyée tout ce qui est faits ou raisonnemens, et j'en composerai, à votre choix, une lettre ou un article rectificatif. Jusque-là, trouvez bon que je garde sur votre communication le silence le plus absolu.

J'ai l'honneur d'être,

avec une haute considération,

Monsieur le Vicomte,

Votre très-humble et très-obéissant serviteur,

CHALLE.

Il était impossible de ne pas répliquer : Je le fis en ces termes :

Auxerre, le 31 mars 1829.

Mes amis se sont empressés, Monsieur, de me dénoncer le numéro 7 de votre Mémorial. Ce n'est qu'alors que votre nom même m'a été connu. J'ai vu que vous receviez les articles à insérer, et que vous demeuriez à Auxerre. C'est à cause de cela uniquement que je me suis adressé à vous plutôt qu'à M. Chaillou des Barres. Vous me refusez la *justice* de l'insertion. Je n'attendais pas moins de votre impartialité. Mon article, dites-vous, est dans un style *autrement virulent que celui dont je me plains. Il contient des insinuations contre l'honneur de l'auteur, homme fort distingué*, etc. Je ne le connais pas, et n'ai parlé de lui que sous le rapport de l'attaque injustifiable qu'il s'est permise à mon égard. Celui qui porte le premier coup *peut et doit* s'attendre à en recevoir *dix* sans avoir le droit de se plaindre. Je n'aurais pas répondu de ce style, si votre collaborateur, pour obéir à son *mandat*, SI MANDAT IL Y A, se fût borné à raconter les prétendus faits, soit d'une manière dubitative, comme il eût mieux convenu à un homme, qui écrit *d'après des renseignemens plus ou moins exacts*, soit même plus affirmativement, mais en faisant connaître la source à laquelle il a puisé. Celui qui adopte aveuglément et sans restriction les calomnies, et qui les publie, s'expose à passer lui-même pour calomniateur. Dans tous les cas, à quoi bon le fatras, que je ne qualifierai pas autrement, et qui est bien de votre collaborateur, dans lequel les prétendus faits sont délayés? A quoi bon faire intervenir, en l'assaisonnant de deux ou trois épithètes, qui assurément ne sont pas prises en bonne part, le nom de M. le comte de la Bourdonnaye, député de Maine et Loire, qui certainement ne peut rien aux torts que j'aurais eus envers mes administrés. Votre article, dites-vous, Monsieur, n'attaque ni mon honneur, ni ma vie privée. Ainsi donc ce n'est pas attaquer *l'honneur, la vie privée* d'un homme que de le peindre comme un brouillon, un homme tracasssier, hautain, méprisant le pauvre laborieux, rêvant une supériorité de droits que les lois lui refusent, n'employant l'autorité locale qui lui est confiée que pour opprimer ses administrés, un homme enfin, *dont la seule présence a été pour les habitans de sa commune une source intarissable de troubles et d'inquietudes*? Ce n'est pas le rendre méprisable et odieux non seulement chez lui, mais partout où l'article sera lu avec les yeux de la foi? Ce n'est pas attaquer *son honneur* que de le représenter s'abaissant à des *obsessions.... et envers qui?* pour obtenir ce qu'il désire; puis devenu *tranchant*, *dur* et presque continuellement DISCOURTOIS quand il a réussi? Non, Monsieur, ma vie privée n'est pas attaquée non plus par tous les *enjolivemens* ajoutés à l'affaire bien simple de la femme D***. Cependant il est bien étonnant que *vous seul* vous ne compreniez pas toute leur portée. Tout le monde les a expliqués comme moi.

Quant au passage où je suis accusé d'avoir *déclaré la guerre aux chaumières*, il peut à juste titre être dénommé incendiaire. J'ai *terrifié* mes administrés, j'ai déclaré la guerre à leurs chaumières, même aux ossemens de leurs Pères! Et, si j'ai dit qu'heureusement nous n'étions plus en 93, c'est que je suis un terroriste et que je veux faire renaître 93 ; mais, cette fois, en sens inverse et au profit des châteaux!... Et c'est par de telles assertions que les fondateurs du Mémorial prétendent contribuer au maintien de l'ordre!....

Voilà, Monsieur, quelques traits de l'article de votre collaborateur. C'était à lui qu'il fallait, à temps, soumettre quelques-unes de vos sublimes reflexions. *Il s'y serait rendu, j'en suis sûr*, ou, en cas contraire, *vous auriez pu vous opposer, je pense, à l'insertion de son article*, de même que vous refusez le mien. Il vous conviendrait mieux que je vous en refisse un autre à *l'eau-rose*, mais la balle est lancée ; elle s'arrêtera où elle pourra. Dans la pièce que vous voudriez pallier et excuser, il y a diffamation et calomnie. Tous ceux qui m'en ont parlé, même des personnes qui ne partagent pas mes opinions politiques en ont été indignées : c'est l'expression dont se sert, dans une lettre, un propriétaire respectable et d'un âge très mur. L'opinion de mon beau-père, que vous me citez, ne lui est pas plus favorable.

Je ne modifierai en rien mon article. Si je ne puis vous contraindre à l'insérer textuellement, ce que je ne sais pas, je n'en trouverai pas moins le moyen de le répandre, dussé-je le faire imprimer à mes frais, sans pré judice de l'action en diffamation et calomnie, que je me crois fondé à diriger contre le gérant-responsable. Je ne vous offre qu'une double alternative pour l'éviter : c'est, ou d'insérer mon article tel qu'il est, ou d'imprimer dans votre plus prochain numéro une rétractation et un désavœu formel de tout l'article insultant intitulé : *l'Autocrate de village.* J'attends votre réponse catégorique sous *deux heures* à l'hôtel de Beaune où je suis descendu. Votre silence me tiendrait lieu de refus.

Le Maire de la commmne d'Avrolles,

LE VICOMTE DE LA BOURDONNAYE.

A M. Challe, avocat,

Rédacteur du Mémorial de l'Yonne.

La réponse de M. le rédacteur fut un refus positif de souscrire à l'une ou à l'autre de mes conditions.

Un journal écrit dans un esprit bien différent, le Mercure de l'Yonne, eût accueilli ma réclamation; mais son plus prochain numéro ne devait paraître qu'à la fin d'avril. Comment laisser les choses jusque-là *in statu quo?* J'ai cru dès-lors devoir faire les frais de ma justification en publiant toute cette correspondance. Peut-être me devais-je à moi-même, ainsi qu'à mes concitoyens, de traduire devant les tribunaux l'éditeur responsable du journal, pour mettre un terme à ces diffamations virulentes que se permettent des folliculaires, sans même prendre la peine de vérifier les faits dont ils rendent compte. Mais c'eût été donner trop d'importance à une feuille qui ne doit inspirer qu'un profond mépris. Cette réflexion seule sauvera à ses auteurs l'honneur de figurer sur les bancs du tribunal correctionel. Je me fie d'ailleurs à l'opinion des habitans de l'Yonne, éclairés sur les faits, pour en faire justice.

Au Château d'Avrolles, le 2 avril 1829.

LE VICOMTE DE LA BOURDONNAYE.

AUXERRE, IMP. DE GALLOT-FOURNIER.

www.ingramcontent.com/pod-product-compliance
Lightning Source LLC
LaVergne TN
LVHW052033160826
845678LV00003B/1323

* 9 7 8 2 3 2 9 6 3 6 9 7 9 *